Verena Münstermann

Hand-lettering

- Guide -

für Anfänger

1. Auflage
Deutsche Erstveröffentlichung September 2021
Copyright © Verena Münstermann, Aachen
Umschlaggestaltung: Verena Münstermann
Innenillustrationen: Verena Münstermann

Impressum:
Verena Münstermann, Krantzstr. 7, 52070 Aachen, Germany
info@verenamuenstermann.de

Herstellung und Verlag: BOD - Books on Demand, Norderstedt
ISBN: 9783754356067

www.verenamuenstermann.de

Vorwort

Hallo und herzlich Willkommen bei meiner kleinen Einführung in das Handlettering. Ich freue mich total, dass du dich für dieses Buch entschieden hast und versuche, dir alles, was ich selber in den letzten Jahren gelernt habe, so gut und so einfach wie möglich beizubringen.
Da ich weder Grafik noch Typhografie studiert habe, ist dies nur eine Zusammenstellung meines, über Jahre hinweg gesammelten, Wissens.

Vor einigen Jahren habe ich Handlettering und Kalligrafie für mich entdeckt und lerne mit viel Spaß alles über das Thema und, was dazugehört. Den Spaß am Lettering möchte ich dir gerne weitergeben und dich inspirieren.

Wie fängt man an? Du brauchst kein teures Equipment. Papier und Fineliner reichen zum Anfangen. Am Besten du beginnst mit den **Grundlagen** und arbeitest dich langsam durch das Buch. Dabei ist stetiges Üben und immer wieder von vorne anzufangen, absolut kein Problem und sogar erwünscht. Denn die Grundlagen sind das Wichtigste und man braucht sie für alles, was danach kommt. Je komplizierter das Lettering, desto wichtiger ist es, dass man die Regeln kennt.
Es kann super entspannend sein, seine Hände zu benutzen und analog zu arbeiten. Fange einfach an und setze dich nicht unter Druck. Es ist noch kein Meister vom Himmel gefallen.
Am Ende dieses Buches findest du noch einige tolle DIY-Ideen, die du mit Lettering umsetzen kannst. Ich habe dir ein paar **Vorlagen** erstellt, die du gerne für deine eigenen Projekte benutzen kannst. Wenn du selber Ideen hast, dann zögere nicht, probiere dich aus und setze sie einfach um. Ausprobieren und Spaß zu haben, ist das Wichtigste daran.

Deshalb wünsche ich dir viel Mut und viel Spaß!

Inhaltsverzeichnis

How to begin ...

Am Besten beginnst du, indem du erstmal schaust, welche Materialien du überhaupt brauchst. Zum Schreiben benötigst du natürlich Stifte und Papier. Je nachdem, was für Projekte du umsetzen möchtest, brauchst du noch Pinsel, Tinten oder Wasserfarben. Unten habe ich dir eine kleine Auswahl mit den Materialien und den Werkzeugen zusammengestellt, die ich gerne benutze und auch weiterempfehlen kann.

Materialien und Werkzeuge

Bleistift

zum Vorskizzieren, weich und hell, damit man die Linien gut wegradieren kann.
- Härtegrade: HB oder B

Fineliner

für die Reinzeichnung, zum Nachzeichnen der Bleistiftlinien
z. B. - Staedler pigment liner
- Pigma micron
- Artline drawing system

Brushpen/Pinselstift

zum Nachahmen der Feder, um den schönen Letteringeffekt zu erstellen. Drucksensitiv
z. B. - Pentel SignPen
- Tombow

Pinsel

auch mit Pinsel kann man den Kalligrafieeffekt darstellen. Drucksensitiv
z. B. - Pinsel von VanGogh
- Aquarellpinsel mit Wassertank

Papier

je nach Stift braucht man glattes Papier oder Aquarellpapier
z. B. - CANSON XL Marker
- Copic Marker Pad Bleedproof,
- FABRIANO Block Bristol
- glattes Laserpapier
- CANSON Montval

Farben

- Aquarellfarben von Van Gogh oder von Schmincke
- Ecolinefarben

Sonstiges

z. B. - Mitsubishi Pencil uniball signo Pigment ink
- Gelroller (versch. Farben)
- Tombow Brushpen
- Ecoline Brushpen
- Masking Fluid
- Acrilic Ink

Definition

Typografie oder Typographie:

Das Gestalten von bestehendem Material. Die Anordnung, der Stil oder das Aussehen von gedruckten Buchstaben auf Papier oder das Zusammensetzen fertiger Schriften. Es bezeichnet den Gestaltungsprozess aller Arten von Kommunikationsmedien mittels Schrift, Bildern, Linien, Flächen und Leerräumen.

Kalligrafie oder Kalligraphie:

setzt sich aus den beiden griechischen Begriffen „kallos" (Schönheit) und „graphein" (Schreiben) zusammen. Darunter versteht man „die Kunst des Schönschreibens" von Hand mittels Federkiel, Pinsel, Filzstift und anderen Schreibwerkzeugen. Hier steht vor allem die perfekte Ästhetik und die dekorative Handschrift im Vordergrund. Bei der Kalligrafie befolgt man viele Regeln.

Moderne Kalligrafie:

hat keine Vorschriften. Es geht um das Unperfekte bis hin zum Unordentlichen. Dabei steht vorallem Stil, Ästhetik und Gefühl im Vordergrund.

Handlettering:

Beim Handlettering wird nicht geschrieben, sondern gezeichnet. Jeder Buchstabe, jedes Wort oder jeder Schriftzug erhält so ein außergewöhnliches Erscheinungsbild mit besonderem Charakter.

Brushlettering:

Dafür braucht man einen Pinsel oder Pinselstift - meistens mit Tinte oder Aquarellfarben. Mit dem Pinsel kann man die Kalligrafiefeder nachahmen - mit einem dünnen Aufstrich und einem breiten Abstrich.

Faux Calligraphie:

ist eine Übungstechnik für die Kalligrafie. Man schreibt ein Wort mit einem normalen Stift. Anschließend fügt man zum Abstrich versetzt eine weitere Linie hinzu. Durch das Ausfüllen der Zwischenräume sieht es so aus, als hätte man die Buchstaben mit Kalligrafie geschrieben.

Die Basics

Um die Regeln der Kalligrafie brechen zu können, muss man die Regeln am Besten erstmal kennenlernen. Deshalb gibt es hier eine kleine Einführung in die Basics der Typografie.

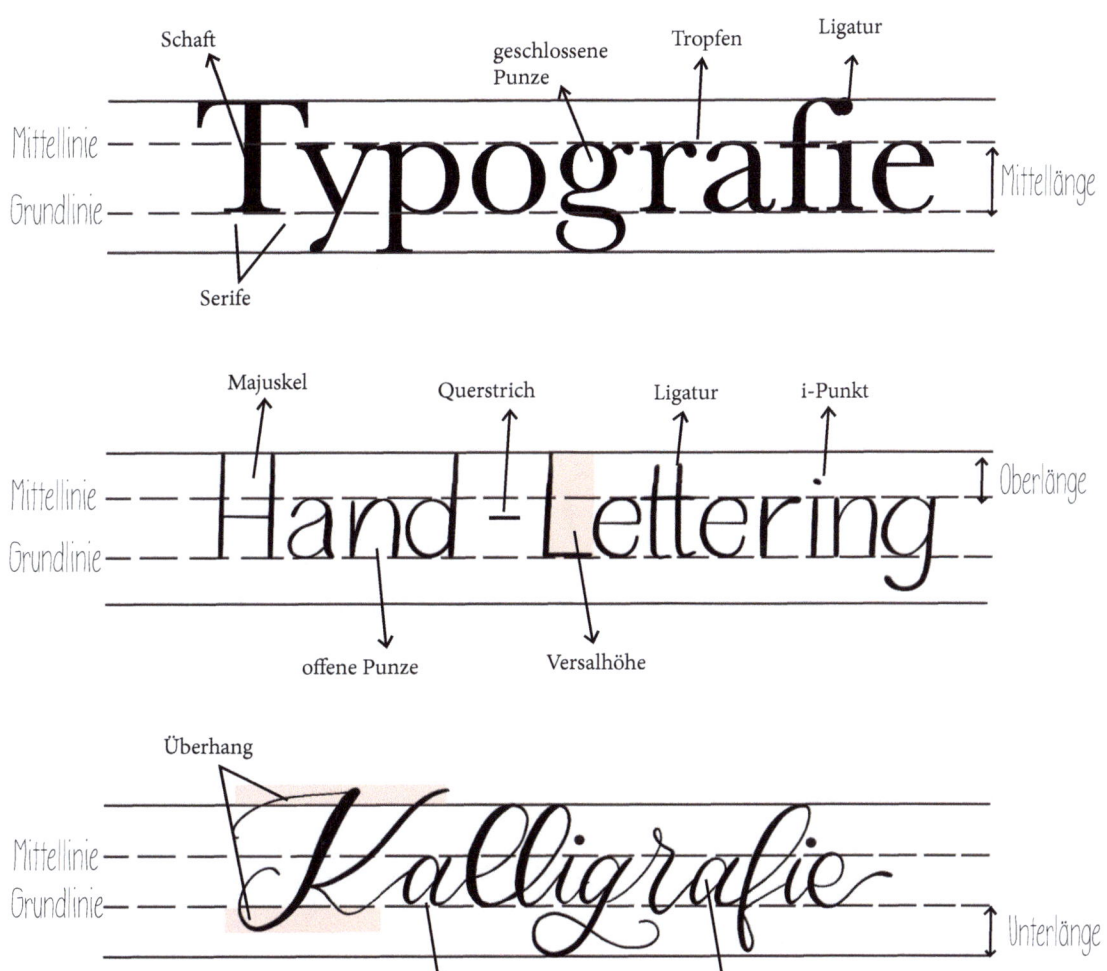

But first Coffee

Erste Schritte

Zum Anfangen sind Linienraster die beste Möglichkeit, um gleichmäßige Buchstaben zu schreiben und auch, um die Höhe zu kontrollieren.

Alle Buchstaben sitzen auf der Grundlinie. Kleinbuchstaben reichen bis zur Mittellinie. Die Aufschwünge der Buchstaben (b, d, l) reichen bis zur Oberlinie. Die Abschwünge der Buchstaben (z. B. bei g, j, y) gehen bis zur Unterschwunglinie. Die Schräglinie hilft dir, die Neigung der Buchstaben besser kontrollieren zu können

Abwärtsstrich: er bezeichnet den Teil des Buchstabens, der entsteht, wenn du deinen Strich nach unten führst und gleichzeitig Druck ausübst.

Aufwärtsstrich: heißt der Teil des Buchstabens, der entsteht, wenn du deinen Strich nach oben führst und wenig Druck ausübst.

Querstrich: er bezeichnet den waagerechten Strich, der entsteht, wenn du einen Teil des Buchstabens durchkreuzt.

Schnörkel: nennt man die Verzierung eines Buchstabens mit einem Schnörkel oder Kringel.

Ornament: bezeichnet eine leicht verlängerte Serife. (Es ist ein Schnörkel, der weniger verspielt ist.)

Serif / Sans Serif

Beim Lettering kann man alles ausprobieren, was man will. Entweder du schreibst den Text komplett in einer Schrift oder du benutzt für jedes Wort eine andere Schrift. Z. B. kannst du mit Schreibschrift, Blockschrift, mit Serifen oder ohne Serifen abwechseln.

Serifen sind die kleinen Füßchen an den Buchstaben. Sie unterstützen die Lesbarkeit eines Textes, indem sie das Auge zum nächsten Buchstaben führen. Man findet sie oft in Zeitungen, Zeitschriften oder auch in Romanen, wo viel Text auf kleinem Raum platziert werden muss.

Serifenlose Schrift wirkt trendig, modern und „clean". Sie wird gerne für Überschriften oder für Sachbücher benutzt. Außerdem findet man sie oft im Internet, da sie auf dem Screen leichter lesbar ist. „Sans" ist ein französisches Wort und bedeutet „ohne". Also ohne Serifen.

Im Folgenden siehst du ein paar Beispiele, wie du die Buchstaben variieren kannst: Schmal/breit, mit variabler x-Höhe, mit Deko-Elemente

ohne Serifen mit variabler x-Höhe

ohne Serifen

ABCDEFGHIJKLMN
OPQRSTUVWXYZ

mit Serifen

ABCDEFGHIJKLMN
OPQRSTUVWXYZ

Schrift mit Serifen kann genauso variiert werden: Schmal/breit mit variabler x-Höhe

Varianten

Aufwärmübungen

Bevor man mit seinem Projekt startet, sollte man seine Finger aufwärmen. Es hilft, die Gelenke beweglicher zu machen, und sich an den Stift in der Hand zu gewöhnen. Dadurch werden deine Linien sicherer und schwungvoller.

Schnappe dir einen Brushpen und male die Übungen einfach nach. Wie du siehst, sind die Striche nach oben dünn und die Striche nach unten dicker, da hier mit mehr oder weniger Druck variiert wird. Teste es einfach mal aus!

Versuche dabei, die Strichstärke der verschiedenen Bewegungen möglichst gleich zu halten, damit anschließend auch das Bild deines Projektes gleich aussieht. Das heißt: alle Striche nach oben sollen möglichst gleich breit sein, ebenso die jeweiligen Striche nach unten.

Achte auch darauf, dass die Zwischenräume gleich sind.

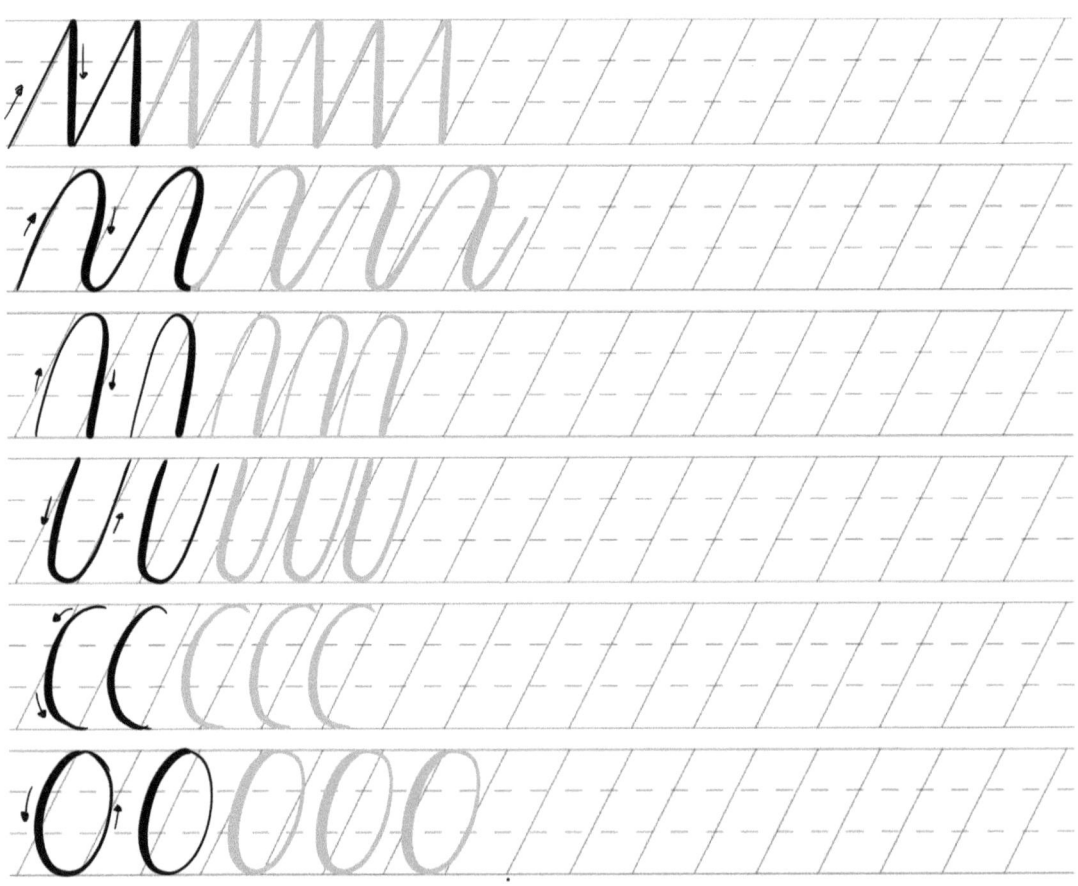

Faux Calligraphie

Für die Faux Calligraphie („faux" ist französisch und bedeutet „falsch"), die ja die Kalligrafie nachahmen soll, schreibt man die Worte und verstärkt die Abwärtsstriche. Zum Üben habe ich dir ein Alphabet aufgeschrieben.

1. Schreibe die Buchstaben ganz normal.
2. Ziehe versetzt einen Abwärtsstrich dazu.
3. Male die Zwischenräume aus.

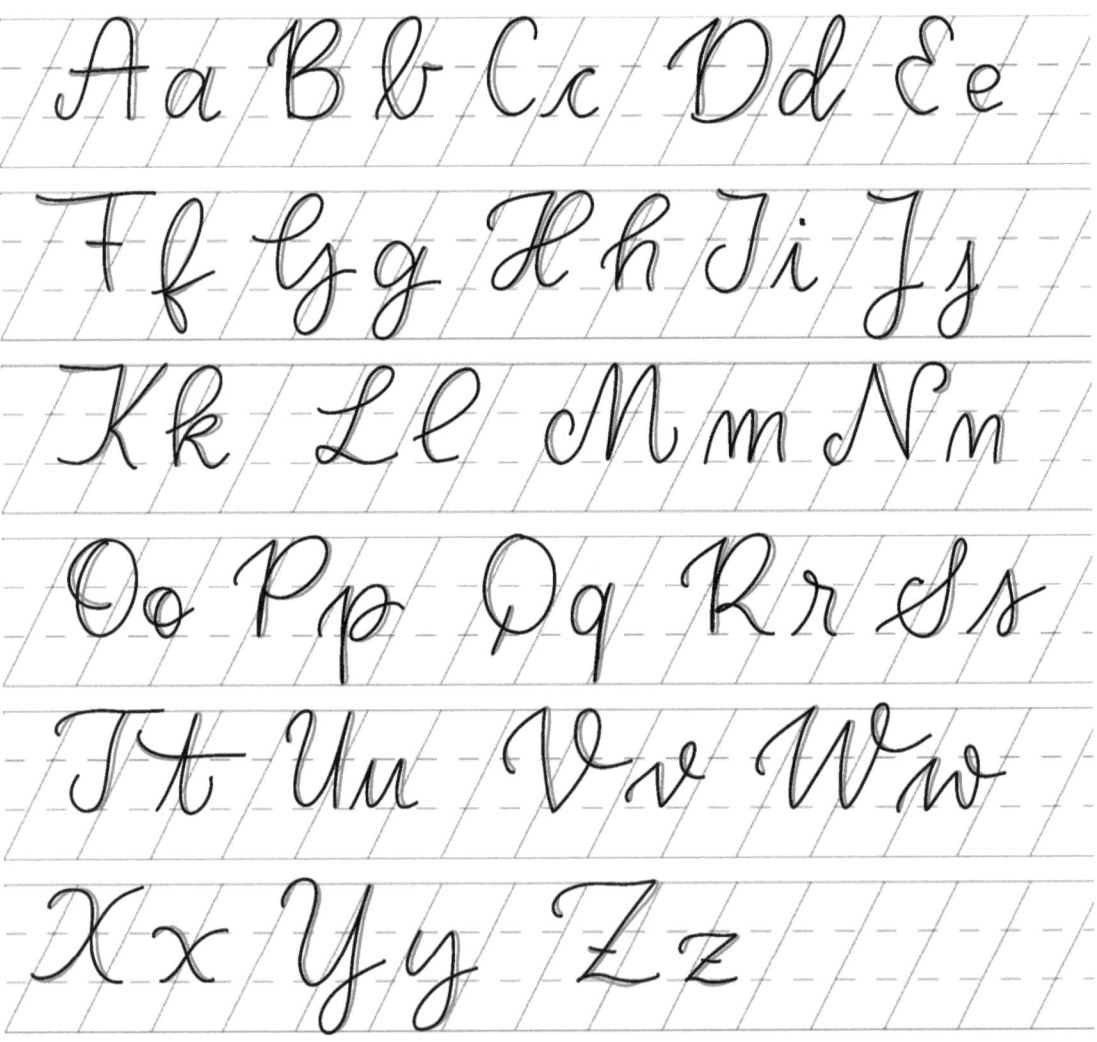

Faux Calligraphie: Ergebnis

Hier siehst du, wie es am Ende aussehen soll.
Du kannst dafür vor allem Stifte benutzen, die keine flexible Spitze haben, wie z. B.
Fineliner, Filzstift, Buntstift, Kugelschreiber, usw.

Viel Spaß beim Üben!

Brushpen Erklärungen und Pinsel

Brushpens sind Stifte mit einer pinselähnlichen Spitze. Man unterscheidet Pinsel mit einer filzstiftartigen, aber flexiblen Spitze und Pinsel mit einzelnen Haaren, wobei letztere genauso schwierig zu händeln sind, wie z. B. richtige Pinsel.

Mit ein bisschen Übung kann man mit Hilfe eines Brushpens sehr schnell wunderschöne Resultate erzielen, da man mit ihm mehr Kontrolle über die Spitze hat.

Außerdem ist die Abgabe der Tinte gleichmäßiger, als wenn man mit einem Pinsel immer wieder neue Farbe aufnehmen muss.

Wenn du die Möglichkeit hast, dann probiere gerne verschiedene Stifte aus. Für Anfänger ist vor allem der Tombow Dual Brush Pens geeignet (er ist ähnlich wie der Zig Art&Graphic Twin, den du unten im Beispiel siehst).

Nimm einfach das, was am Besten in deiner Hand liegt. Meine beiden Lieblingsstifte sind der Tombow Fudenosuke hard und der Pentel Sign Pen.

Unten siehst du einige Beispiele von verschiedenen Stiften und ihrer Strichstärke.

Kuretake

Pentel Sign Pen

Tombow Fudenosuke
WS-BH (hard)

Pentel Bruh Pen

ZIG Art&Graphic
Twin

Ecoline
Brushpen

Das Papier

Besonders wichtig für synthetische Pinselspitzen ist die Papierauswahl. Ansonsten ruinierst du dir die empfindlichen Spitzen deiner Stifte.
Brushpens sollten nur auf einer extrem glatten Fläche benutzt werden.

Nimm dir mal verschiedene Papiere in die Hand wie z. B. Druckerpapier, Kartonpapier, Kraftpapier, Aquarellpapier, Bristolpapier, usw. und du wirst fühlen, dass die Papiere alle unterschiedliche Strukturen haben. Einige haben eine stärkere Körnung, andere sind glatter. Das glatte und ebene Papier ist die beste Wahl für die Brushpens, wie z.B. Bristolpapier.
Zum Üben kann ich dir glattes Laserpapier empfehlen. Das ist etwas billiger und eignet sich dennoch super. Man merkt richtig, wie die Spitze über das Papier gleitet.

TIPP: Wenn du gerne mit Aquarell oder Gouache arbeiten möchtest, kann ich dir die synthetischen Pinsel mit Wassertank empfehlen. Denn damit lässt sich einfacher arbeiten, als mit Echthaarpinseln.

Brushpen / Pinsel Übungen

Du hast ja schon gesehen, wie man das Brushlettering bzw. die Kalligrafie mit Faux Calligraphie imitiert. Jetzt üben wir mit einem richtigen Brushpen.
Schnappe dir deinen Stift und male meine Vorlage nach. Entweder auf der gegenüberliegenden Seite über die grauen Buchstaben oder du benutzt ein Lightpad, um die Buchstaben abzupausen. Anschließend kannst du dich auch daran versuchen, die Buchstaben frei abzumalen.

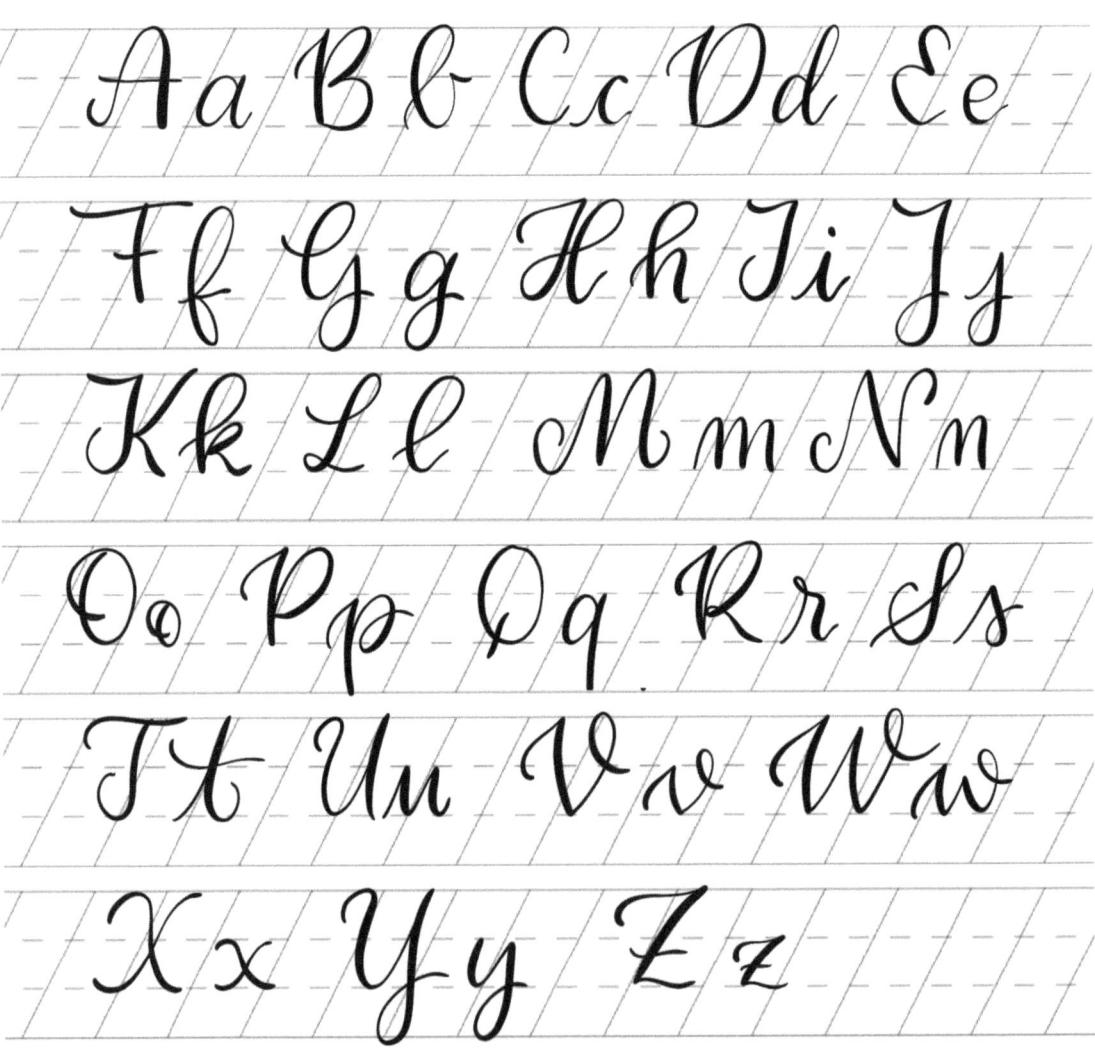

Fahre einfach die Linien nach. Übung macht den Meister. Je öfter du übst, desto besser erinnern sich deine Gelenke und Muskeln daran, und es fällt dir immer leichter.

Wenn du Schwierigkeiten mit der variablen Strichstärke hast, kannst du auch nochmal zurückblättern und mit den Aufwärmübungen beginnen. Anschließend machst du dann hier einfach weiter.

Selbst die Besten wiederholen immer wieder diese Übungen, um ihre Fähigkeiten nochmal aufzufrischen.

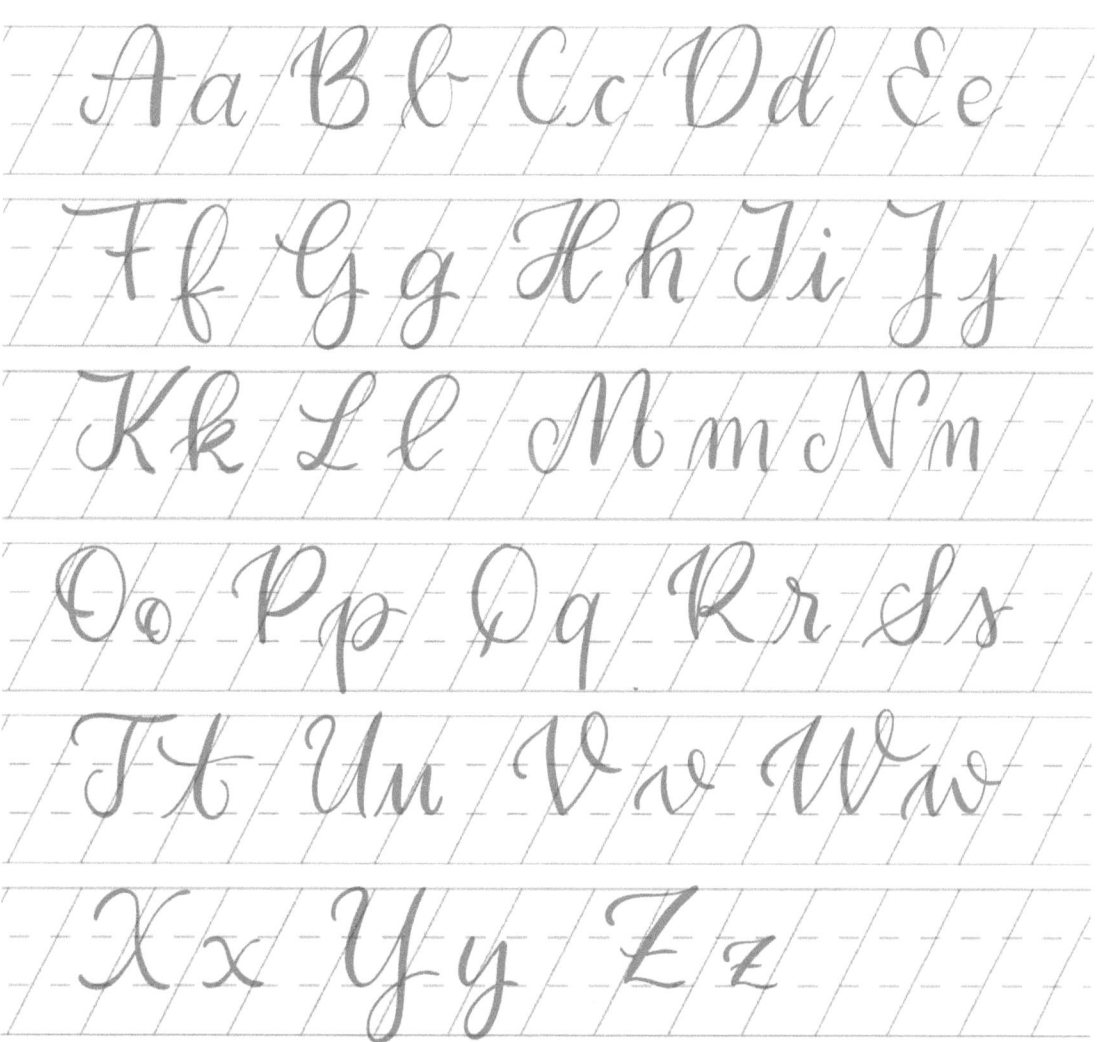

Dicker Brushpen

Dicker Brushpen: Zum Üben

Dicker Brushpen

Dicker Brushpen: Zum Üben

Techniken: Bounce Lettering & Blending

Bei der Kalligrafie kommt es vor allem darauf an, so perfekt und gleichmäßig, wie möglich zu schreiben. Die Gleichmäßigkeit sieht zwar wunderschön aus, kann aber auch langweilig wirken.
Viel mehr Spaß macht es, wenn die Buchstaben nicht perfekt angeordnet sind und die Buchstaben z. B. in die Ober- und Unterlängen ragen.

Das Tanzen der Buchstaben entsteht, in dem man die Buchstaben teilweise auf und teilweise ein paar Millimeter über der Linie anordnet. Sie „hüpfen" sozusagen.
Besonders wichtig ist, dass sowohl der erste, als auch der letzte Buchstabe auf einer Höhe stehen.

Es sollte insgesamt darauf geachtet werden, dass ein Gleichgewicht bestehen bleibt, damit es nicht schief, sondern immer noch gleichmäßig aussieht.

Blending:

nennt man eine Technik, bei der man zwei oder mehr Farben miteinander vermischt. Zum Beispiel schreibst du die obere Hälfte des Letterings in blau und die untere Hälfte in grün, wie du es auch auf dem Foto siehst. Das geht natürlich nur mit wasserbasierten Stiften.

Alternative Linienraster

Als Anfänger ist es wichtig, erstmal die Grundlagen des Letterings zu üben. Dabei wird in erster Linie darauf geachtet, dass es gleichmäßig und ordentlich wirkt. Wer aber erstmal die Regeln verstanden hat, kann sich immer weiter davon lösen.

Wie du unten siehst, musst du dich nicht immer an das Linienraster halten, sondern du kannst dein eigenes Linienraster verwenden. Die alternativen Linienraster sehen z. B. sehr schön auf Grußkarten aus. Natürlich sollte weiterhin auf Ordentlichkeit und Gleichmäßigkeit geachtet werden. Aber es muss nicht immer strikt und gerade sein. Unten siehst du eine Welle, einen Kreis und verschiedene Größenverhältnisse. Natürlich kannst du noch weitere Linienraster erfinden. Habe einfach Spaß dabei und teste alles aus, was dir einfällt.

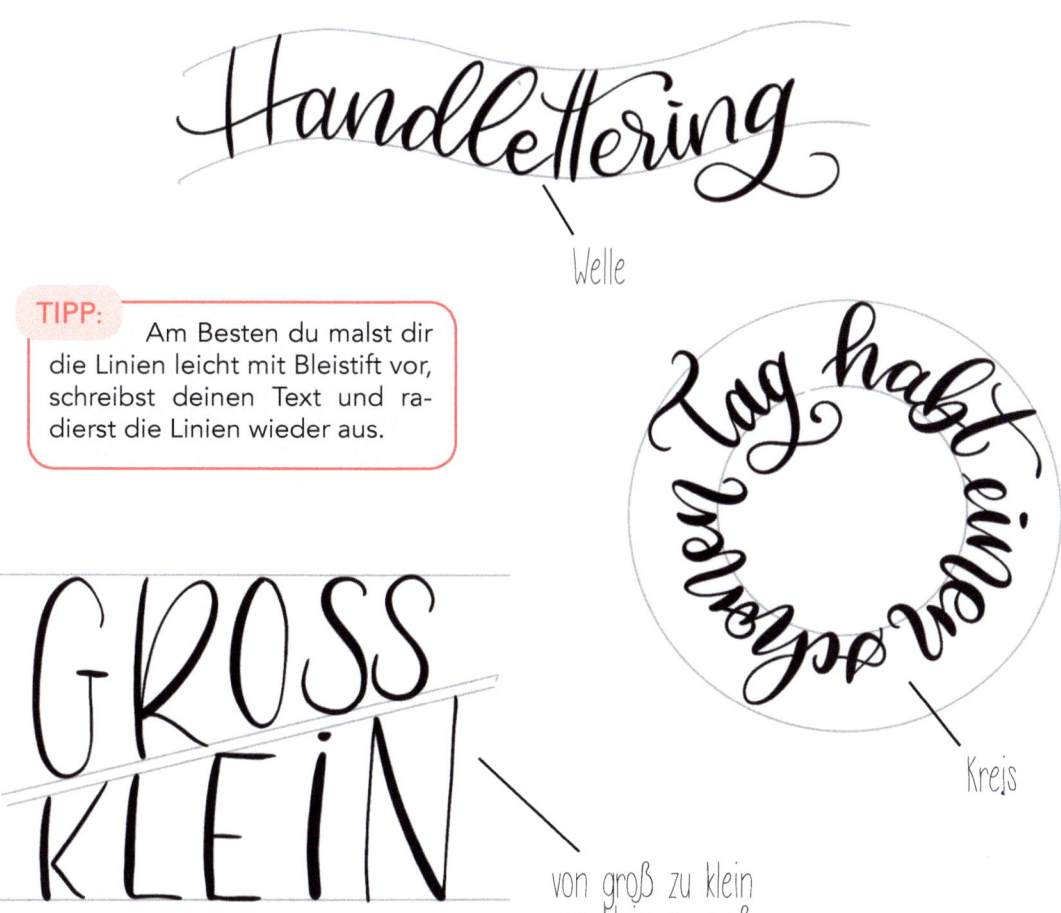

Welle

TIPP: Am Besten du malst dir die Linien leicht mit Bleistift vor, schreibst deinen Text und radierst die Linien wieder aus.

Kreis

von groß zu klein
von klein zu groß

29

Schnörkel / Flourishing

Beim Lettering gibt es viele, verschiedene Möglichkeiten, Verschönerungen und Dekorationen einzubauen. Gerne werden zum Beispiel Schnörkel eingesetzt, um das Lettering dekorativ zu gestalten. Hier gibt es kein richtig und kein falsch. Überlege dir zunächst dein Lettering und füge anschließend überall, wo es schön aussieht und passt, einen schönen Schnörkel hinzu.

obere Schlaufe

Anfang   *Schnörkel*   Ende

Abwärtsstrich   untere Schlaufe

Lettering

TIPP: mache nicht zu viele Schnörkel, sonst wirkt das Lettering schnell überladen und das Wort steht nicht mehr im Vordergrund. Wechsel ab und achte darauf, dass es ausgeglichen ist. Die Schnörkel müssen sich gegenseitig die Waage halten. Z. B. vorne und hinten einen Schnörkel.

Wie du siehst, bieten sich vor allem die Buchstaben mit Abschwüngen wie g und j dafür an, aber auch Buchstaben mit Aufschwüngen, wie h und k. Ebenso die gekreuzten Striche, wie bei einem großen A oder einem t.
Sehr schön sehen die Schnörkel auch am Anfang und am Ende eines Wortes aus.

Zahlen

Natürlich gehören zum Lettering auch Zahlen und Ziffern.
Zahlen kann man genau wie Buchstaben mit mehr oder weniger Druck schreiben und so eine abwechselnde Strichstärke erhalten
Schön geletterte Zahlen findet man auf Briefumschlägen, z. B. wenn man Adressen aufschreibt, ebenso als Datum auf Einladungen oder auch Tischnummern.

mit Serifen

ohne Serifen

ohne Serifen

Neben den Majuskelziffern gibt es auch die Mädialziffern. Letztere sitzen nicht auf dem Grundliniensystem. Allerdings folgen sie einem ähnlichen Regelsystem.
Genau wie Buchstaben besitzen Mediävalziffern fest definierte Ober- und Unterlängen und fügen sich dadurch besonders gut in den Fließtext ein.

Verschiedene Alphabete

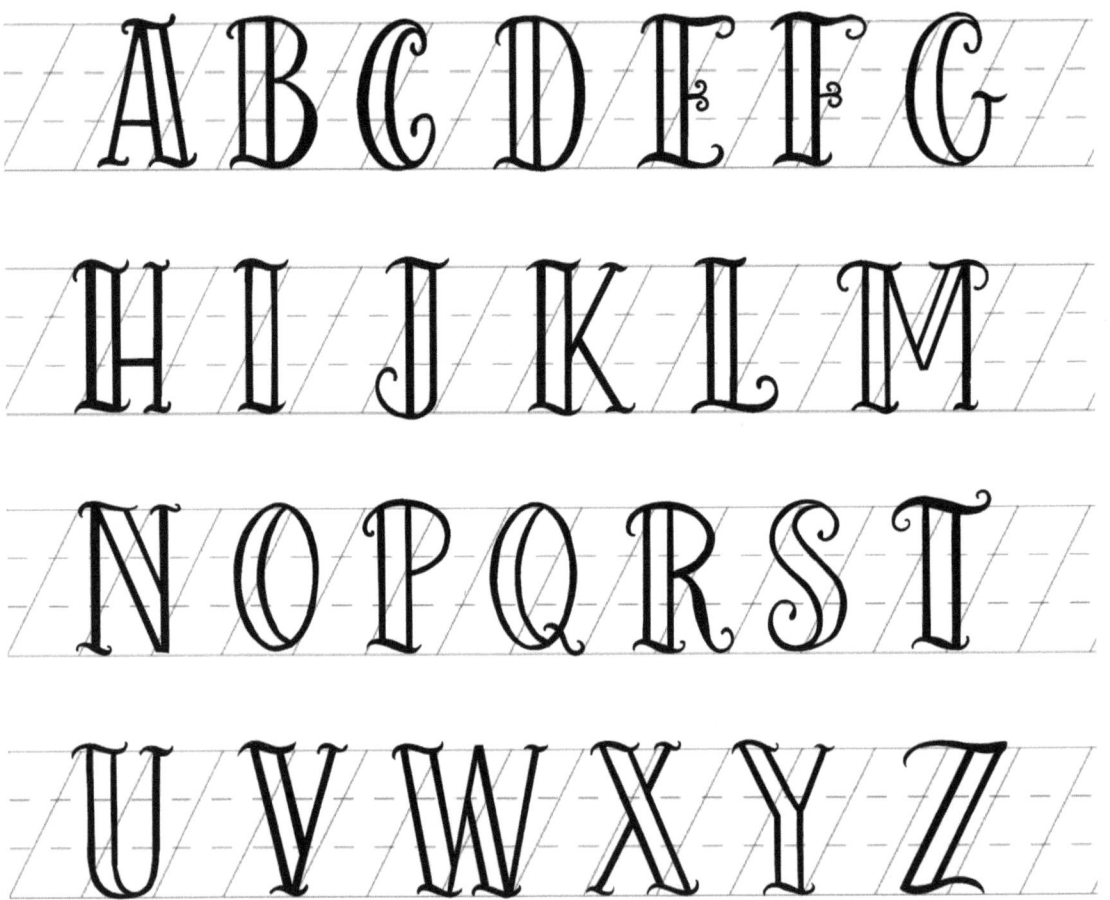

Verschiedene Alphabete

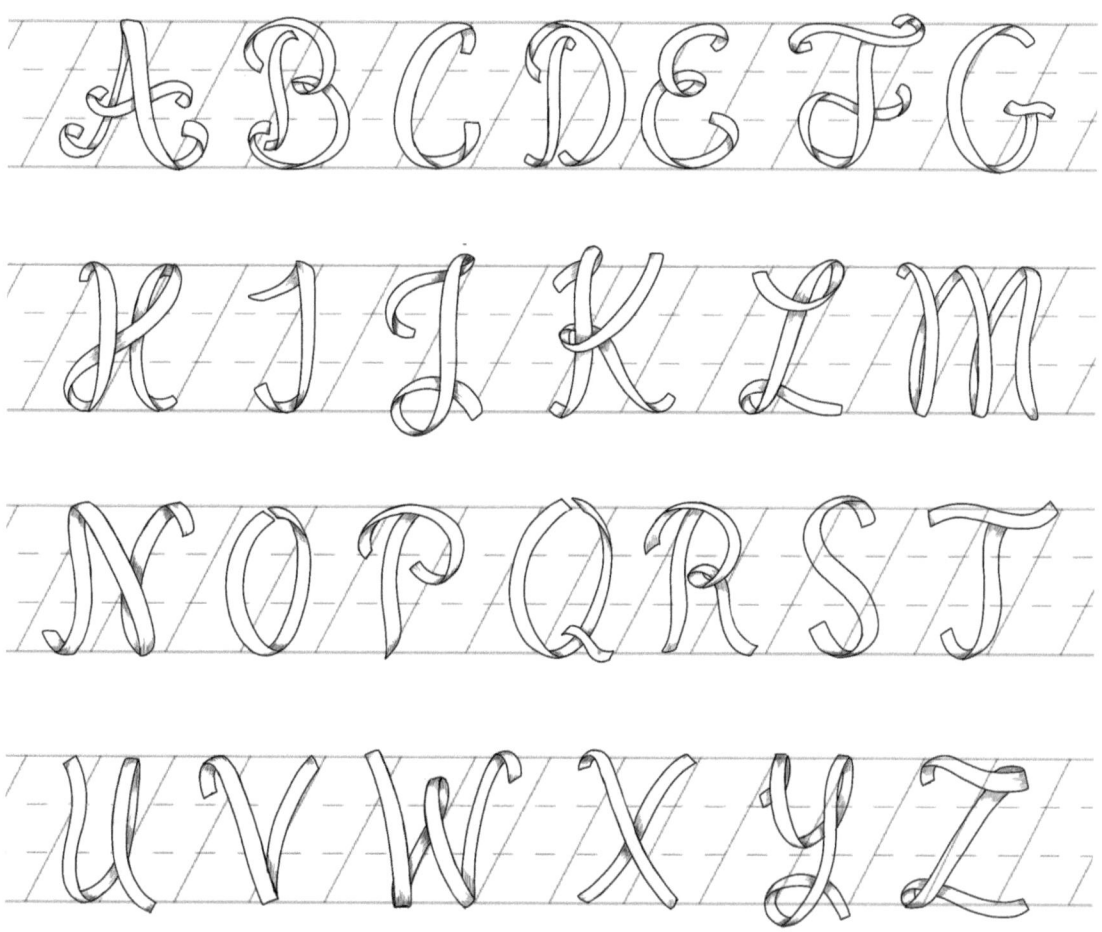

Das „Und"-Zeichen

Das „Und"-Zeichen ist ein tolles Element, um Wörter oder einen Text zu verbinden und zu dekorieren.
Das „Und"-Zeichen setzt sich aus den beiden Buchstaben „E" und „T" zusammen. „Et" heißt übersetzt „Und".

Nicht zu vergessen die Variante „&":

oder verschiedene Schreibweisen „UND":

Dekorative Elemente

Es gibt noch weitere tolle, dekorative Elemente, die man zur Verschönerung des Letterings benutzen kann: Schnörkel, Blumen, Blätter, Herzen, Pfeile. Es gibt tausende Möglichkeiten.

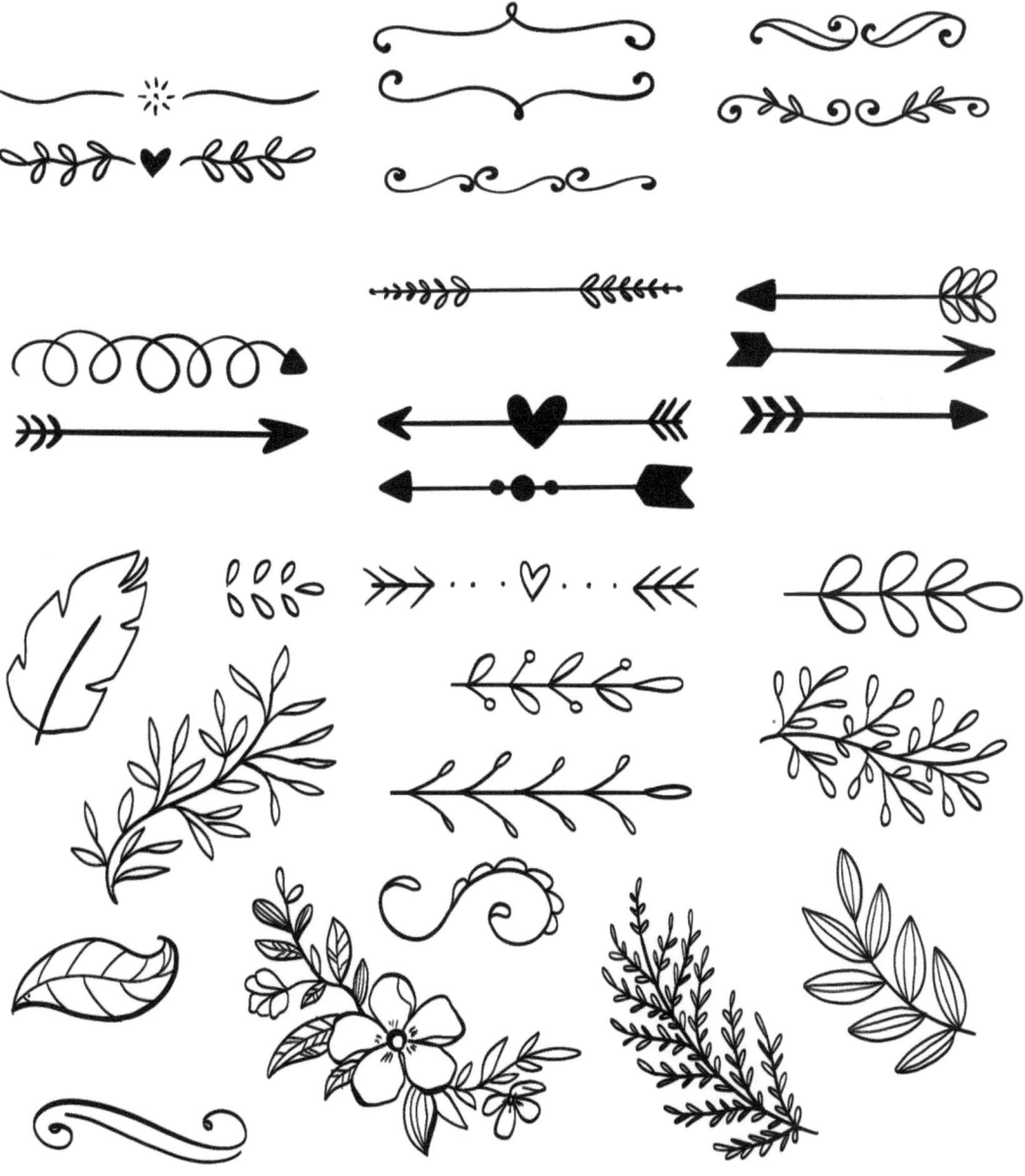

Kränze

Ebenso können Wörter auch mit Kränzen und Ranken geschmückt werden.
Zeichne einen Kreis (z. B. mit Hilfe eines Zirkels oder eines runden Gegenstandes, wie eine Tasse) und setze dann in verschiedenen Abständen Punkte, Blätter, Blumen, Ranken. Und schon hast du einen tollen Kranz, in dem du Wörter und Zitate reinschreiben kannst.

Scherpen / Banner

Banner sind eine tolle Möglichkeit, Wörter zu umranden oder hervorzuheben. Ich habe dir auf der nächsten Seite eine kleine Anleitung erstellt, da man teilweise in 3D denken muss. Bei den verschiedenen Bannern gibt es einige verdeckte Stellen, die man sich denken muss.

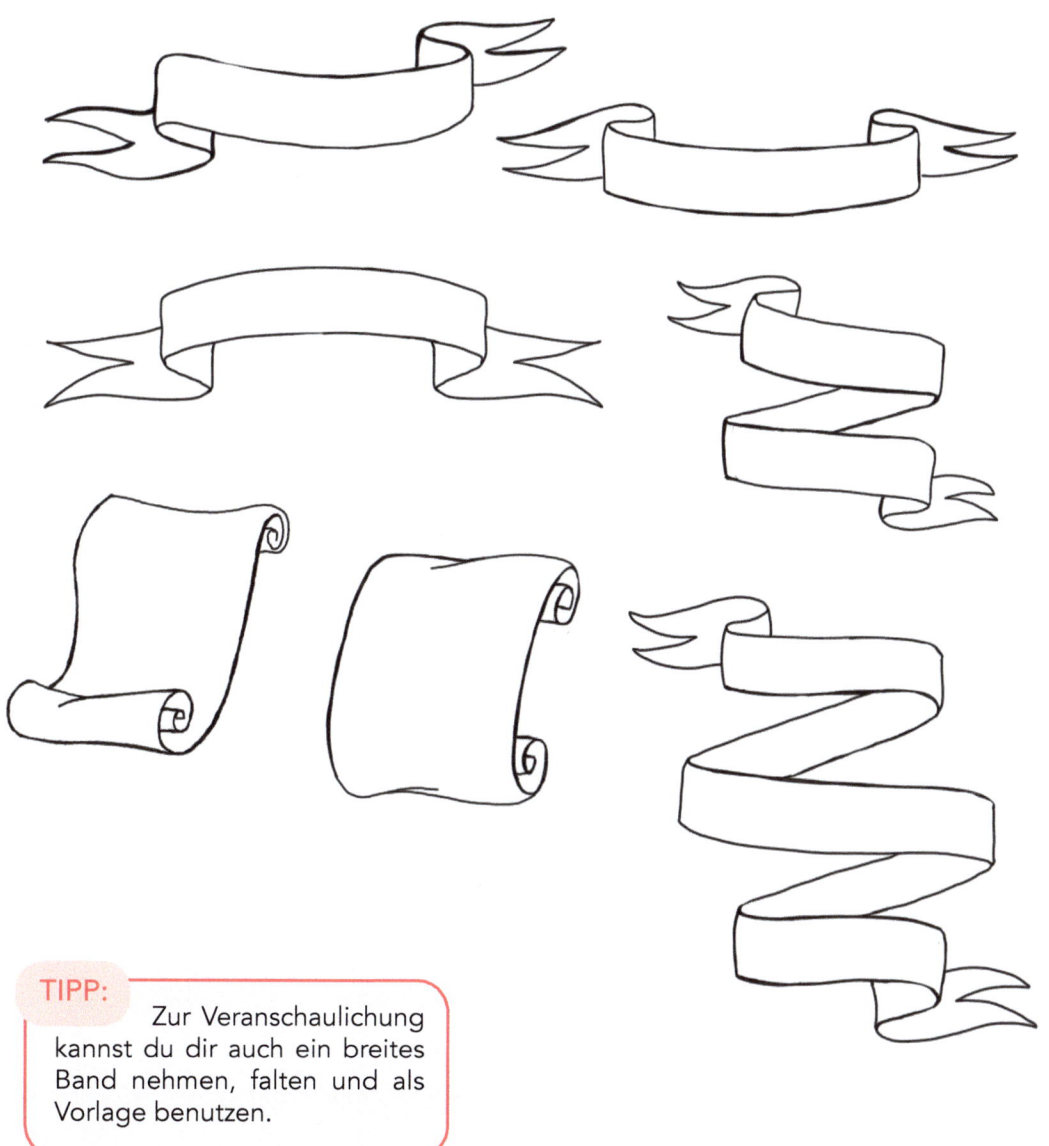

TIPP: Zur Veranschaulichung kannst du dir auch ein breites Band nehmen, falten und als Vorlage benutzen.

Banner - Übung

Hier siehst du eine kleine Schritt-für-Schritt Anleitung, wie du ein Banner zeichnen kannst. Am Besten du zeichnest die einzelnen Schritte mit Bleistift vor. In jedem Step kommen die schwarzen Linien dazu. Der verdeckte Teil wird anschließend wegradiert. Am Ende kannst du die Linien nachfahren, die sichtbar sind, wie du das im letzten Schritt siehst.

Schritt 1

Schritt 2

Schritt 3

Schritt 4

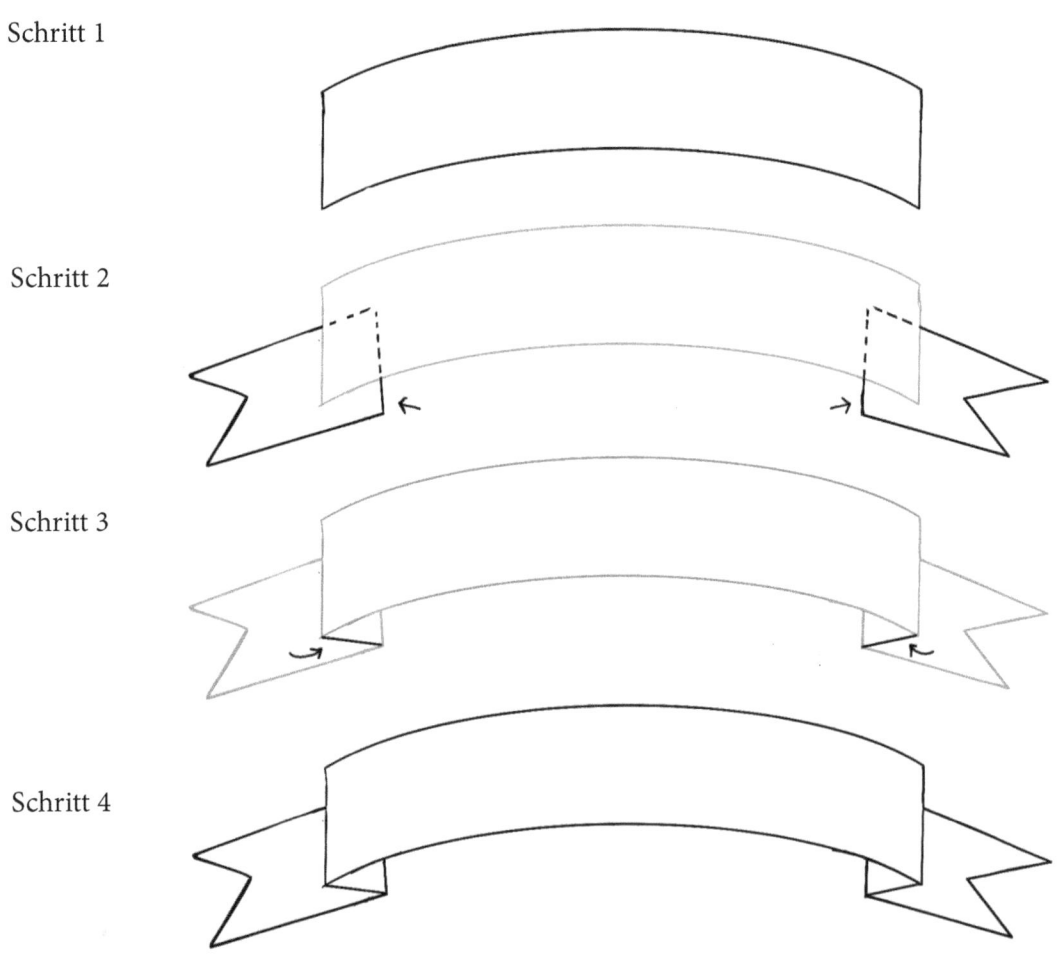

Banner - Platz zum Üben

Blocking

Jetzt, wo wir die Grundlagen durchgegangen sind, können wir endlich anfangen, unser erstes, gemeinsames Lettering zu erstellen.

Zuerst suchst du dir einen Spruch aus, den du gerne lettern möchtest.

Anhand eines Beispiels erkläre ich dir im Folgenden, wie es funktioniert.

In jedem Satz oder Spruch gibt es einerseits Wörter, die man betont und die wichtig sind, und andererseits Füllwörter, die man nur benutzt, um den Satz zu vervollständigen. Die wichtigen Wörter picken wir heraus und schreiben diese entsprechend der Betonung auch etwas größer und lassen sie hervorstechen. Sie werden in Blöcken geschrieben, damit sie direkt auffallen. Die Füllwörter positionieren wir um diese Blöcke herum.

In diesem Fall habe ich mir den Spruch „Aufgeben kannst du bei der Post" herausgesucht. Dabei sind „Aufgeben" und „Post" die wichtigen Wörter und der Rest ist eher unwichtig.

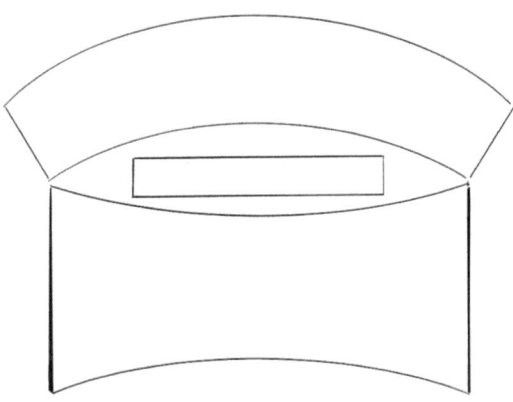

Schritt 1:
Hier habe ich schon mal die Blöcke erstellt, wie ich den Spruch gerne aufbauen möchte.

Schritt 2:
Als nächstes schreibe ich die Buchstaben und Wörter so, dass sie in das Blockdesign reinpassen.

Blocking

Schritt 3:

Hier habe ich angefangen, die Buchstaben aufzuschreiben: Ich habe mir verschiedene Schriften herausgesucht und die Buchstaben in die Boxen eingeschrieben. Wie du siehst, habe ich mich für Blockbuchstaben ohne Serifen entschieden und das Wort „Post" schreibe ich in Schreibschrift bzw. Script mit ein paar Verzierungen. Ebenso habe ich doppelte Linien gezogen, um die wichtigen Wörter noch mehr in den Vordergrund zu rücken.

Versuche es einfach mal aus, auch gerne mit verschiedenen Schriftarten.

Blocking - das Endergebnis

Hier seht ihr das Endergebnis.

Blocking - Platz zum Nachmachen

Spruch: Kindness always comes back.

Platz zum Nachmachen

Weiteres zum Üben – Scherpe

Ich habe dir schon auf Seite 38 gezeigt, wie man eine Scherpe erstellt. Hier kommt die Anleitung für Fortgeschrittene, d. h. wenn du die Grundlagen verstanden hast. Ansonsten blättere gerne nochmal zurück und schaue dir die Schritt-für-Schritt Anleitung an. Wenn du bereit bist, dann kann es hier weitergehen: Wir zeichnen eine mehrmals gefaltete Scherpe mit Schatten und Lettering.
Ich habe mir folgenden Spruch rausgesucht: „I can & i will. Watch me."
Das bedeutet: Ich kann & ich werde - Schau mir zu bzw. beobachte mich.
Den Spruch habe ich in 4 Teile aufgeteilt. 3 wichtige Schriftzeilen und das eher unwichtige „&"-Zeichen dazwischen. Die wichtigen Teile kommen auf die Scherpe und werden so hervorgehoben. Wir brauchen also 3 vordere Teile des Banners.

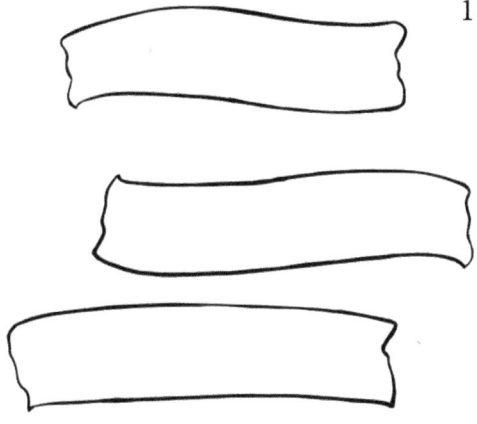

1

Wir beginnen wieder mit den vorderen Bändern. Man könnte sie auch direkt untereinander anordnen, aber für den natürlichen Look habe ich sie ein bisschen versetzt angeordnet.

Im 2. Schritt fügen wir die hinteren Verbindungsstücke und den Anfang sowie das Ende hinzu.
(Das kennst du ja schon aus dem Beispiel auf Seite 38.)

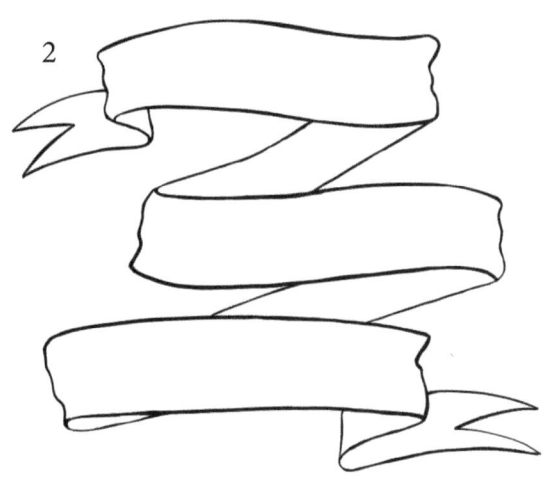

2

3

In diesem Schritt fügen wir ein bisschen Schatten hinzu, um die vorderen Bereiche noch weiter hervorzuheben und noch besser von dem hinteren Teil abzusetzen.

Im letzen Schritt kommt der Text hinzu.

Platz zum Nachmachen

Spruch: Der Strand lässt fragen, wo du bleibst.

Platz zum Nachmachen

Spruch: Someday is not a day of the week.

Platz zum Nachmachen

Weitere kreative Beispiele

Mit Lettering kannst du auch wunderbar Einladungen gestalten: Geburtstag, Einweihung, Hochzeit, usw.
Auf Instagram gibt es viele, wunderschöne Beispiele, wie Lettering auf Einladungen usw. eingesetzt werden kann. Meistens ist es eine Kombination aus verschiedenen Schriftarten.

Am Besten du beginnst damit, das Wort, das du schreiben möchtest, in verschiedenen Variationen aufzuschreiben

Rechts siehst du einige Beispiele.

Du kannst die Beispiele auch erstmal kopieren und vergrößern, um zu üben und dann mit deiner eigenen Handschrift weitermachen.

Oben siehst du ein Beispiel, wie eine mit Lettering verzierte Einladung aussehen könnte.

Save-the-Date Karten

Ebenso wie Einladungskarten kann man im Vorhinein auch Save-the-Date Karten verschicken. Unten und rechts siehst du ein paar Beispiele, wie das aussehen könnte. Auch diesmal kannst du die Schriftzüge gerne abzeichnen und anschließend selber Kreationen und Designs erstellen, um deinen eigenen Stil zu finden.

Save the Date

SAVE the DATE

Save the Date

Save the Date

Save our Date

SAVE the DATE

Save the Date

Save our Date

Save the Date

16. Juni 2021

Lisa & Robert
Vertz - Zimmermann

St. Johanniskirche,
München

Save the Date

inladung

LISA
ROB

Save
the
Date

16. Juni 2021

Lisa & Robert
Vertz - Zimmermann

St. Johanniskirche,
München

Einladung
Alina
wir sagen
Ja
Larissa
& Damian

Herr & Frau Schmidt
Hauptstraße 4
52062 AACHEN
Save the Date
28 Mai 2019
Marie & André

Beispiele

Hier habe ich dir noch ein paar Beispiele zusammengestellt.
Auf der linken Seite siehst du selbst-
gebastelte Einladungen. Lasse deiner
Fantasie einfach freien Lauf: Geburtstag, Hochzeit, Neueröffnung, usw.
Eine kreative Karte ist für jedes Fest
eine tolle Möglichkeit, Eindruck zu
hinterlassen.
Unten links siehst du mit Lettering
gestaltete Briefumschläge.

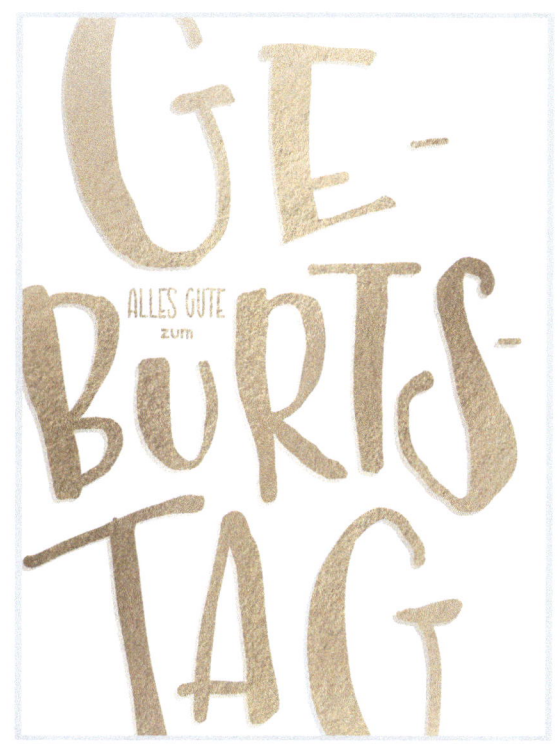

Links und oben siehst du einfache
Grußkarten, die du wunderschön mit
Lettering gestalten kannst.

Die Geburtstagskarte oben kommt
ganz alleine mit einem schön gestal-
teten Lettering aus.
Bei der Karte links habe ich noch eine
einfache Illustration hinzugefügt.

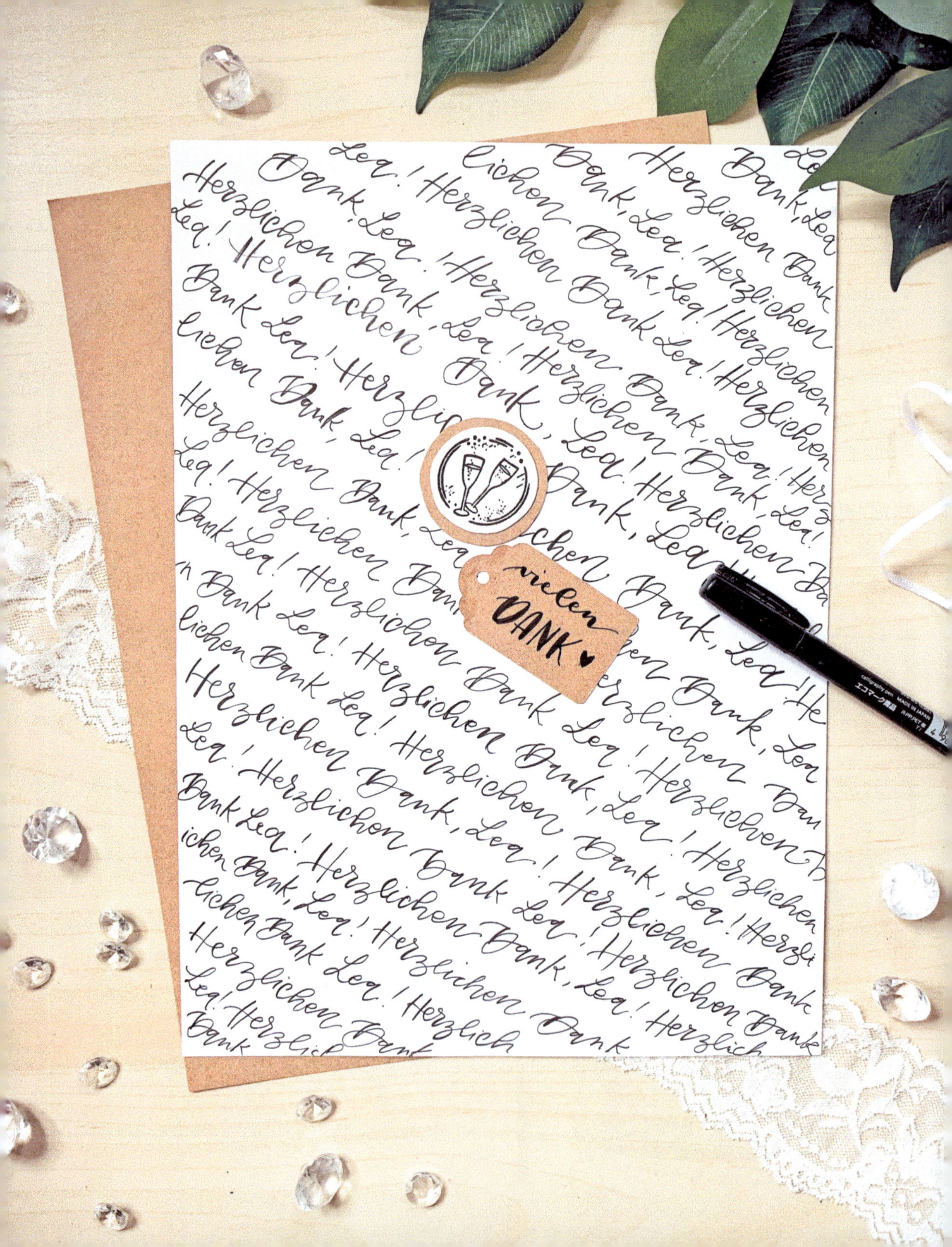
Herzlichen Dank, Lea!
vielen DANK

Geschenkpapier

Wer hätte nicht gerne ein personalisiertes Geschenk? Das ist auf jeder Geburtstags-party und auf jedem Geschenketisch mit Sicherheit ein absoluter Hingucker. Mit Lettering kannst du ganz einfach dein eigenes Geschenkpapier gestalten. Simpel und doch so schön!

Damit nichts verschmieren kann, eig-nen sich vor allem wasserfeste Stifte dafür. Je nach Papier benutzt man am Besten einen Fineliner oder einen Marker und wendet die Technik der Faux Callygraphie an.

Nimm einfach ein dünnes, ein-farbiges Papier und schreibe ein paar persönliche Worte auf, die du gerne verschenken möchtest.

Danke, alles Gute, den Namen des Beschenkten, einen persön-lichen Gruß, ... es gibt so viele, tolle Möglichkeiten, über die sich jeder freuen würde.

Neben Geschenkpapier kann man natürlich auch die Anhänger gestalten und mit kleinen Botschaften verzieren.

Dafür habe ich dir auf der gegenüberliegenden Seite ein paar Vorlagen erstellt. Du kannst die Anhänger einfach kopieren evtl. auch vergrößern und auf etwas dickerem Papier abpausen.

Das Loch, wo man das Paketband durchziehen kann, habe ich mit einem Locher gemacht.

Anschließend kannst du eine kurze Botschaft aufschreiben oder einfach ein Dankeschön.

Geschenkanhänger

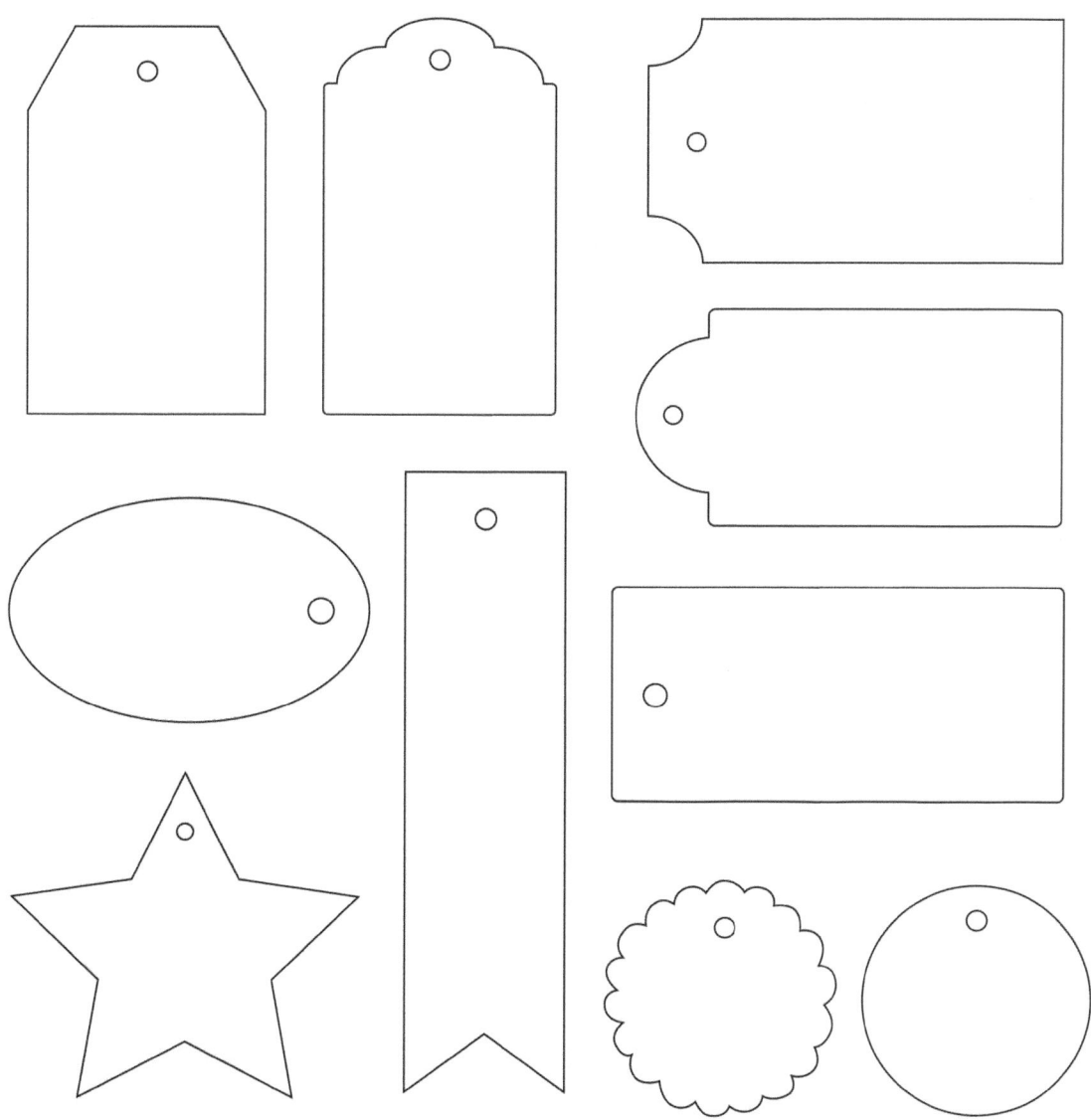

Namenskarten

Ein weiteres Beispiel sind Namens- oder Tischkarten.
Handgeschriebene Namenskarten sind auf jedem Tisch ein tolles Gimmick und auf jedem Fest gerne gesehen.
Dabei ist man nicht auf Papier begrenzt. Steine, Glasscheiben, Tafeln, usw. sind schöne Alternativen. Auf Instagram findet man viele Beispiele dazu.
Natürlich braucht man dafür auch die passenden Stifte, wie z. B. wasserfeste Marker.

Oben siehst du ein tolles Beispiel mit Papierstreifen. Diese habe ich an der Ecke mit Aquarellfarben eingefärbt und jeweils einen goldenen Streifen dazugefügt.
Wenn du die Namenskarten nicht selber basteln willst, gibt es auch schöne Vorlagen im Handel zu kaufen.

Untersetzer

Lettering bedeutet nicht nur Stift auf Papier. Eigentlich kannst du so ziemlich alles beschriften, was du willst. Holz, Metall, Tontöpfe, usw. Eigentlich fast alles, was dir einfällt. Einfach mal ausprobieren. Unten siehst du z. B. beschriftete Untersetzer mit passenden Vorlagen.

Du bist toll

but first coffee

Mädelsabend

Drink me

Die Vorlagen darfst du gerne für dich benutzen oder deine eigenen Ideen umsetzen.

Weihnachtskranz

frohes FEST

How to: Fensterbild

Hier habe ich dir noch ein Beispiel für einen weihnachtlichen Kranz erstellt. Damit kannst du ganz einfach schöne Grußkarten, Fensterbilder oder sonstige Basteleien erstellen. (Siehe auch die Kränze auf Seite 36.)
Für ein Fensterbild empfehle ich dir, die Vorlage zu vergrößern z. B. mit Hilfe eines Kopierers. Anschließend klebst du den Kranz an die Außenseite des Fensters und fährst von innen die Konturen mit einem Kreidemarker oder Fenstermalstift nach.

How to: Grußkarte

Wenn du lieber eine Grußkarte erstellen willst, kommt es darauf an, wie groß die Karte sein soll. Bei einem A5-Format sollte der Kranz eher verkleinert werden.
Nimm ein Din A4 Aquarellpapier, falte es in der Mitte und pause den Kranz auf der rechten Seite mit Bleistift ab. Anschließend kannst du alles mit Aquarell ausmalen.
In der Mitte kannst du dann noch einen schönen Spruch reinschreiben. Wenn du schon geübter bist, kannst du dafür einen Pinsel und Aquarellfarbe verwenden.
Bevorzugst du Fineliner, dann empfehle ich dir die Faux Calligraphie-Technik. Einen Brushpen solltest du auf Aquarellpapier eher nicht benutzen, da die Spitze auf strukturiertem Papier schnell kaputt geht.